AIMER, DIRIGER, SERVIR

ANTOINE F. RUSSO

Aimer, Diriger, Servir

L'appel de l'homme chrétien
à servir sa famille et son Église

Aimer, diriger, servir
L'appel de l'homme chrétien à servir sa famille et son Église
Copyright © 2023 par Antoine F. Russo

ISBN : 978-0-9982445-7-0

Sauf indication contraire, les textes bibliques sont tirés de la Bible Louis Segond version revue 2020®. Copyright © 2020 par Éditions centre d'enseignement biblique. Utilisé avec l'autorisation de l'auteur. Tous droits réservés.

Conception de la couverture et composition par
www.greatwriting.org
Imprimé aux États-Unis d'Amérique

Publié par Broken Road Books
www.GraceAndPeaceRadio.com
www.LoveLeadServeBook.com
Pour les prix des commandes en gros, veuillez nous contacter à l'adresse suivante :
bulk@LoveLeadServeBook.com

"Je cherche parmi eux un homme qui élève un mur, qui se tienne à la brèche devant moi en faveur du pays. . . ."
Ézéchiel 22.30

Dédié aux hommes chrétiens du monde entier :

Puissiez-vous être l'homme qui se tient dans l'espace devant le Seigneur.

Partie 1

Votre vie privée en tant qu'homme chrétien

1. Donner la priorité à la prière et aux Écritures
2. Faire confiance à Dieu dans les épreuves et la souffrance
3. Être vigilant face à l'ennemi
4. Être toujours prêt

Partie 2

Votre mariage et votre foyer

1. Connaître le pouvoir sanctifiant de son foyer
2. Pratiquer l'amour et les bonnes œuvres à la maison
3. Donner l'exemple du Christ dans votre foyer
4. Diriger avec une attitude semblable à celle du Christ

Partie 3

Votre ministère

1. Pratiquer une discrétion aimante
2. Ne pas négliger sa famille pour le ministère
3. Maîtriser son temps et ses engagements
4. Obtenir de la sagesse pour les décisions qui changent la vie

Contenu

You Vous devez résister et tenir bon 8
Votre vie privée en tant qu'homme
chrétien 18
Votre mariage et votre foyer 42
Votre ministère 64
Un dernier mot d'encouragement 82
Un mot pour votre épouse pieuse 86
Guide d'étude 92
À propos d'Antoine Russo 110

Vous devez résister et tenir bon

"C'est pourquoi, prenez toutes les armes de Dieu, afin de pouvoir résister dans le mauvais jour, et tenir ferme après avoir tout surmonté. . . .
(Éphésiens 6.13)

Dans sa lettre aux Éphésiens, Paul adresse quelques-unes de ses remarques à différents groupes de chrétiens, sachant que sa lettre serait lue à haute voix par tous les croyants de la région. Il écrit aux épouses, aux maris, aux maîtres, et inclut même quelques mots pour les enfants et les esclaves.

Mais dans ce verset, Paul s'adresse à *tous les* chrétiens. Paul dit à chaque chrétien de se revêtir de l'armure complète de Dieu pour deux raisons principales : résister et tenir bon. Ces premiers chrétiens avaient besoin de l'armure de Dieu pour pouvoir résister et tenir bon, et il en va de même pour nous aujourd'hui. Et puisque le Seigneur a appelé les hommes à diriger le foyer et l'église, c'est à nous qu'il revient de prendre la tête de cette charge.

Résister au mauvais jour

La Parole de Dieu nous dit que nous vivons des jours mauvais. Les rois du monde et ses dirigeants continuent à se concerter contre le Seigneur et son Christ (Psaume 2). La Bible nous avertit également que nous vivons dans les derniers jours (1 Jean 2.18). Chaque jour, les titres de l'actualité montrent la trajectoire de ce monde. Il continue à pécher alors que le jour du jugement dernier se rapproche.

En même temps, les hommes de ce monde ont perdu leur courage. Ils ont accepté le pot-de-vin que la culture leur offre. Ils ont déposé leurs armes et se sont rendus en échange d'une vie confortable. Les hommes ont fait des compromis sur leurs convictions et ont choisi le divertissement et la facilité plutôt que de faire les choses difficiles et nécessaires auxquelles nous sommes appelés. Et, tragiquement, beaucoup de ces hommes se trouvent dans nos propres églises.

Ce monde a besoin d'hommes qui

prennent courageusement position contre la culture. Mais le courage ne suffit pas. À quoi sert-il à un homme de s'opposer aux nombreux maux de ce monde, mais de ne pas être né de nouveau ? À quoi sert la bravoure contre les tyrans sans le Christ intérieur et la puissance du Saint-Esprit ? Il est bon et juste de s'opposer aux maux du monde, mais il est bien plus important de prendre position au nom de Jésus-Christ et pour sa gloire.

Nous avons besoin d'hommes comme Noé et Lot. Pierre félicite les deux hommes pour l'audace avec laquelle ils ont défendu le Seigneur. Noé a prêché le salut à sa génération impie et "le juste Lot. . . car ce juste. . . tourmentait journellement son âme juste" alors qu'il observait la méchanceté de Sodome et Gomorrhe dans sa génération (2 Pierre 2.4-8). Ces hommes vivaient au milieu de gens impies qui faisaient des choses mauvaises, mais ils sont restés fermes et ont proclamé le nom du Seigneur.

Nous devons être des hommes qui résistent au mauvais jour.

Défendre le Christ

Noé et Lot ont vécu avant l'époque du Christ, mais ils ont défendu le Christ. Ils ont prêché le Christ.

Un homme n'est jamais vraiment un homme tant qu'il n'est pas l'homme de Dieu. L'homme qui défend le Christ quand tout est contre lui, cet homme-là est inarrêtable. Il a été mis à l'épreuve du feu. Un tel homme est devenu un guerrier du Seigneur. Ses mains sont entraînées à la guerre (Psaume 18.34). Il sait percer les défenses de l'ennemi et franchir un mur (Psaume 18.29). Comme David et Samson, lorsque les lions et les ours de ce monde attaquent, il les saisit et les déchire à mains nues.

Il est comme les amis de Daniel dans sa génération. Les hommes de moindre importance se recroquevillent dans la peur et obéissent aux exigences impies du roi, mais l'homme qui défend le Christ est prêt à endurer la fournaise ardente qui fait rage sept fois plus que lui.

Suivre Dieu à la trace

Des paroles émouvantes sur le courage, l'audace et la virilité peuvent inspirer un homme à croire un instant qu'il peut conquérir le monde. Mais s'il n'est pas équipé d'un plan pour mettre ces mots en pratique avant longtemps, il se repliera sur lui-même. Nos églises et nos familles n'ont plus besoin de ce genre d'hommes. Ils sont inutiles à la cause du Christ. Nos églises et nos familles ont besoin d'hommes comme David, puissants dans l'Esprit - des hommes selon le cœur de Dieu.

> *Nos églises et nos familles*
> *ont besoin d'hommes*
> *comme David,*
> *puissant dans l'Esprit.*

De nombreux livres écrits pour les hommes chrétiens ne sont souvent rien de plus qu'une liste de contrôle du comportement moral. Lisez votre Bible. Aller à l'église. Ne regardez pas de pornographie. . . . Oui, tous ces éléments sont des marques d'un homme chrétien, mais ils ne font pas d'un homme un chrétien. Un homme bon et moral peut vivre toute sa vie en suivant ce genre de liste de contrôle et finir quand même en enfer. Un mormon peut être un homme moral, mais il n'est pas un homme sauvé. Un musulman peut être un homme moral, mais il a besoin du Sauveur. Ne donnez pas à un homme un autre livre de listes à lire ; donnez-lui la Parole de Dieu et dirigez-le vers le Christ.

Beaucoup d'hommes professent le Christ parce que cela leur rapporte. Professer être chrétien peut leur permettre d'obtenir un emploi. Cela leur permet peut-être d'être respectés, d'occuper un poste de diacre ou de pasteur dans l'église. Peut-être sont-ils tellement doués pour jouer le rôle d'un chrétien qu'ils trompent beaucoup de gens. Si c'est votre cas, vous ne trompez pas le Seigneur Jésus-Christ. Laissez-moi vous mettre en garde en amour : En fin de compte, la seule personne que vous trompez, c'est vous-même.

Ne donnez pas à un homme un livre de listes à lire, donnez-lui la Parole de Dieu

*et orientez-le
vers le Christ.*

Nous ne devons pas essayer de vivre une vie bonne et pieuse par nos propres forces. Nous ne devons pas simplement être des hommes moraux ; nous devons être des hommes mortifiés - mortifiés par rapport à ce monde, mortifiés par rapport à notre chair ; des hommes qui font tout ce qu'ils font parce qu'ils sont motivés par un amour authentique pour le Seigneur Jésus. L'amour de Dieu doit être notre plus grande motivation. Si ce n'est pas le cas, tout ce que nous pouvons faire d'autre pour Dieu ne sera que du bois, du foin et du chaume le jour où nous nous tiendrons devant lui. Lorsque ces choses passeront par le feu de l'épreuve, elles brûleront toutes.

*L'amour de Dieu doit
être notre plus grande
motivation.*

Parfois, je regarde notre génération d'hommes et je ne peux m'empêcher de me demander : "Où sont les hommes puissants de Dieu ? Où sont les hommes qui ont compté le prix à payer et qui défendent le Christ ? Où sont les hommes dont le plus grand désir dans la vie est de connaître Dieu et de le suivre à la lettre ?

Ce livre est la tentative d'un chrétien de rassembler ses forces. Je veux inspirer les troupes et vous donner des idées pratiques qui m'ont aidé au fil des ans. Il ne couvrira pas tout (il y a tant de choses que j'apprends encore moi-même !), mais puisse le Seigneur l'utiliser pour réveiller les hommes chrétiens qui se sont endormis dans leur travail et pour être une tasse d'eau froide rafraîchissante pour vous qui êtes déjà fidèlement engagés dans le cœur de la bataille. Je sais que le Seigneur a son reste dans cette génération, et je remercie Dieu pour vous !

Soyons des hommes qui connaissent Dieu et le suivent avec ardeur (Psaume 63.8). J'espère que ce petit livre offrira quelques idées pratiques de ce à quoi cela ressemble chaque jour.

Le Seigneur Jésus est le commandant des armées du ciel. Il est notre capitaine.

Lorsque la Bible appelle Dieu "le Seigneur des armées", il s'agit d'un langage militaire. Le Seigneur Jésus est le commandant des armées du ciel. Il est notre capitaine. Il nous guide. La victoire est déjà acquise. Elle a été gagnée il y a 2.000 ans, lorsqu'il est mort et ressuscité.

Frère, jusqu'au retour du Seigneur, nous avons du travail à faire. Et la tâche la plus importante que nous ayons à accomplir est de nous conduire, nous et nos familles, dans le service chrétien de l'Église et du monde, pour la gloire de Dieu.

Votre vie privée en tant qu'homme chrétien

"Ce qu'un homme est dans son cabinet de prière est ce qu'il est"
(Robert Murray M'Cheyne)

C'est ici que tout commence. Au fond, votre vie est une affaire entre vous et Dieu, et personne d'autre. Et quand tu mourras, tu seras seul devant Dieu. En tant que croyants, nous vivons en communauté chrétienne les uns avec les autres, mais la foi en Christ est en fin de compte une affaire individuelle. Avant de parler de votre ministère à la maison ou à l'église, nous devons nous pencher sur votre vie privée.

(1) Donner la priorité à la prière et à les Ecritures

J'ai une citation dans un cadre qui se trouve à côté de l'endroit où je lis ma Bible chaque matin. Il s'agit d'une déclaration du grand ministre écossais Robert Murray M'Cheyne. Il est écrit :

*Ce qu'un homme est dans son cabinet de prière
, c'est ce qu'il est.*

Réfléchissez à cette affirmation. Qu'est-ce qu'un homme ? Nous avons tendance à évaluer un homme de différentes manières. Il peut s'agir de son apparence, de son travail, de sa richesse ou de sa pauvreté. Mais M'Cheyne nous ramène à la Parole de Dieu. Ce qu'un homme fait dans son cabinet de prière - sa vie privée devant son Créateur - est la véritable somme de ce qu'il est. Cela nous rappelle ce que le Seigneur a dit à Samuel :

> *L'Éternel ne considère pas ce que l'homme considère; l'homme regarde à ce qui frappe les yeux, mais l'Éternel regarde au coeur.*
> *(1 Samuel 16.7)*

Les histoires tragiques de plusieurs hommes me viennent à l'esprit au moment où j'écris ces mots. Ces hommes professaient être chrétiens, mais leur vie privée était pleine de péchés. Ces hommes et leurs vies pécheresses ont attristé leurs églises et dévasté leurs femmes. C'est à propos de ce genre d'hommes que Paul a écrit à Timothée. Il dit qu'ils ont rejeté la foi et la bonne conscience et que leur foi a fait naufrage (1 Timothée 1.19).

Dans cette même lettre, Paul donne une description de ces hommes qui donne à réfléchir. Il écrit : "Les péchés de certains hommes sont manifestes, même avant qu'on les juge, tandis que chez d'autres, ils ne se découvrent que dans la suite." (1 Timothée 5.24). Pierre avertit également que pour des hommes comme ceux-là, "leur dernière condition est pire que la première" (2 Pierre 2.20).

> *Les péchés de certains hommes sont manifestes, même avant qu'on les juge, tandis que chez d'autres, ils ne se découvrent que dans la suite*

C'est une chose terrifiante quand un homme perd la crainte de Dieu. Il détruit sa vie et celle de tous ceux qui l'entourent sans craindre les conséquences. Il a oublié que la Bible dit : "C'est une chose terrible que de tomber entre les mains du Dieu vivant." (Hébreux 10.31). Que la crainte du Seigneur nous pousse à prier les paroles de David,

> *Sonde-moi, ô Dieu, et connais mon cœur! Éprouve-moi, et connais mes pensées!*
> *Regarde si je suis sur une mauvaise voie, Et conduis-moi sur la voie de l'éternité!*
> *(Psaume 139.23-24)*

Que voit Dieu lorsqu'il observe votre cœur ? Qui êtes-vous dans votre vie privée devant le Seigneur ? Quel homme es-tu devant Dieu dans la prière ? C'est ce que dit M'Cheyne : Qui que soit cet homme, c'est ce que vous êtes aujourd'hui.

Cette vérité vous inquiète-t-elle ? Cela vous réconforte-t-il ? Nous pouvons tous prier davantage, mais priez-vous vraiment ? Lisez-vous quotidiennement les Écritures pour connaître le Seigneur ? Mon frère aime le dire ainsi : "Nous devons connaître la Parole de Dieu si nous voulons connaître le Dieu de la Parole".

Nous devons connaître la Parole de Dieu pour connaître le Dieu de la Parole.

Nous devons être des hommes de prière et lire quotidiennement notre Bible. Et pourtant, pour quelque raison que ce soit, de nombreux hommes chrétiens ne le font pas. Ils prient rarement. Ils lisent rarement leur Bible. Ils peuvent avoir professé être chrétiens pendant de nombreuses années, mais n'avoir jamais lu la Bible en entier. Nous devons être des hommes qui passent du temps avec le Seigneur chaque jour dans la prière et la lecture de la Bible, sinon nous risquons de devenir comme ces hommes dont la foi a fait naufrage.

Puis-je partager avec vous une histoire inspirante ? Ma belle-sœur est devenue chrétienne il y a cinquante ans. Au fil des ans, elle a pris l'habitude de lire la Bible une fois par an. Le calcul est simple : elle a lu la Bible cinquante fois ! Quel témoignage !

Vous et moi avons le plus grand privilège qu'une personne puisse avoir. Nous pouvons parler avec Dieu et entendre ce qu'il nous dit par l'intermédiaire de sa Parole. Les vraies brebis connaissent le berger. Ils connaissent sa voix et le suivent (Jean 10.14, 27).

> *Nous devons être des hommes qui passent du temps avec le Seigneur chaque jour dans la prière et la lecture de la Bible. . . .*

On ne saurait trop insister sur l'importance de la prière. Esaïe 62.6 parle d'une prière si diligente pour que Dieu agisse que ceux qui cherchaient l'Éternel ne lui donnaient pas de repos.

Jésus a souligné l'importance de la persévérance dans la prière. Il a raconté la parabole de l'homme qui ne laissait aucun répit à son voisin au milieu de la nuit, jusqu'à ce qu'il se lève enfin du lit et lui donne du pain pour nourrir son invité (Luc 11.5-8).

Jésus a également raconté à ses disciples une parabole sur une veuve qui demandait justice à un juge injuste. Elle n'a cessé de venir le voir pour plaider sa cause et demander justice, si bien qu'il a fini par céder et par accéder à sa demande. Luc explique à ses lecteurs pourquoi Jésus a raconté cette parabole : "Jésus leur adressa une parabole, *pour montrer qu'il faut toujours prier, et ne point se relâcher.*" (Luc 18.1, italiques ajoutés). N'est-ce pas extraordinaire ? À maintes reprises dans les Écritures, le Seigneur nous invite à lui présenter nos requêtes, et à maintes reprises, il nous dit de ne pas abandonner la prière trop tôt. Mon frère, continuez à prier !

Nous, hommes chrétiens, devons retrouver le sens du saint désespoir. Nous avons besoin de cœurs qui brûlent d'un besoin sacré, d'un sentiment que si nous n'avons pas Jésus, nous n'avons rien ! Où sont les hommes qui crient au Seigneur comme Pierre : "Seigneur, à qui irions-nous ? Tu as les paroles de la vie éternelle" (Jean 6.68).

Ne pensez-vous pas qu'un tel saint désespoir devrait être présent dans la vie de tout homme chrétien ? Après que Jésus a guéri l'homme possédé par un démon, celui-ci "demanda la permission de rester avec lui." (Marc 5.18). S'ils ont vraiment été sauvés par Jésus, pourquoi si peu d'hommes chrétiens supplient-ils de le suivre ?

Regardez l'exemple de Job. Malgré ses terribles épreuves et ses souffrances, malgré ses moments de doute, il s'est obstiné à suivre et à servir le Seigneur. Le plus grand désir de sa vie était de voir Dieu. "Mon âme languit d'attente au dedans de moi." dit-il (Job 19.27). Votre cœur aspire-t-il à connaître et à voir Jésus ?

Votre cœur aspire-t-il à connaître et à voir Jésus ?

Si nous sommes en Christ, il nous a fait passer de la mort à la vie. Il nous a tirés des ténèbres et nous a introduits dans son admirable lumière (1 Pierre 2.9). Il a pardonné nos péchés et nous a réconciliés avec Dieu (Colossiens 3.13 ; Romains 5.10). Nous ne devons pas laisser le sacré devenir banal. Ce sont des vérités glorieuses et éternelles, des trésors de la miséricorde, de l'amour et de la grâce de Dieu. Nous ne devons pas perdre de vue la valeur du Seigneur Jésus-Christ. Nous devons lui donner la prééminence qu'il mérite dans notre vie. Nos cœurs devraient brûler d'un saint désir de le suivre partout où il va.

(2) Faire confiance à Dieu dans les épreuves et la souffrance

Grâce de Dieu est probablement l'hymne le plus célèbre jamais écrit. Elle raconte l'histoire de l'œuvre merveilleuse de Dieu dans la vie d'un croyant. Elle commence au moment du salut et se termine en chantant la louange de Dieu pour toujours dans la gloire. Au milieu de la chanson se trouvent les lignes,

> *J'ai déjà traversé bien des dangers*
> *J'ai connu des pièges et des filets !*
> *Mais la Grâce m'a protégé encor' et encor'*
> *Et elle me mènera à bon port !*

Ce verset décrit parfaitement la vie chrétienne. C'est une vie difficile, de bien des dangers, des pièges et des filets. Outre les épreuves ordinaires de la vie, comme les crevaisons ou la perte d'un emploi, j'ai connu des chrétiens qui ont été dévalisés sous la menace d'une arme. Je me souviens avoir lu l'histoire d'un chrétien et de sa femme qui ont perdu tout ce qu'ils possédaient dans l'incendie de leur maison. Pourtant, le Seigneur promet d'utiliser ces situations pour notre bien et pour sa gloire (Romains 8.28). L'apôtre Paul est un excellent exemple de la façon dont Dieu utilise les épreuves dans nos vies. Comme quelqu'un me l'a fait remarquer il y a peu, Paul a écrit son épître la plus joyeuse depuis une prison romaine !

> *Aucune école ne vous rendra aussi sage dans les choses de Dieu que l'école de la souffrance.*

Bien sûr, notre plus grand modèle d'endurance aux épreuves et à la souffrance est le Seigneur Jésus. Toute sa vie n'a été qu'épreuves et souffrances. Il était "Homme de douleur et habitué à la souffrance" (Ésaïe 53.3).

Certaines épreuves sont des problèmes ordinaires de la vie. Certaines sont des saisons longues et douloureuses, pleines de chagrin et de souffrance.

Aucune école ne vous rendra aussi sage dans les choses de Dieu que l'école de la souffrance. Parfois, nous souffrons à cause des actions de quelqu'un d'autre. Nous subissons parfois les conséquences de nos mauvaises décisions. Parfois, nous souffrons simplement parce que c'est inévitable dans ce monde déchu et souffrant.

Il est important de se rappeler que tout ce qui se passe dans notre vie est ordonné par Dieu. Lorsque le Seigneur ordonne une saison de souffrance dans notre vie, il le fait pour que nous apprenions à lui faire davantage confiance.

Gardiner Spring a vécu en Amérique dans les années 1800 et a été pasteur de son église pendant plus de soixante ans. Dans son livre *La mission de tristesse*, il explique comment le Seigneur utilise la souffrance dans la vie du chrétien pour accomplir plusieurs objectifs. La souffrance nous enseigne la soumission à Dieu et à sa volonté dans notre vie. Elle révèle les idoles de nos cœurs et les affections mal placées. Même si la main du Seigneur semble peser sur nous à travers nos souffrances, celles-ci nous permettent d'expérimenter la joie du réconfort et de l'attention de Dieu. Lorsqu'un chrétien souffre dans cette vie, cela lui permet aussi de se réjouir à l'avance du ciel où il n'y aura pas de souffrance, mais seulement de la joie pour toujours.

Le pasteur français Adolphe Monod a beaucoup souffert au cours des dernières années et des derniers mois de sa vie. Son ministère a été interrompu à plusieurs reprises par la maladie au cours des deux dernières années. Affaibli par la douleur et la maladie, il a passé les cinq derniers mois de sa vie sur son lit de mort, dans des souffrances atroces. Malgré tout, il a déclaré

> *Je peux, par ces souffrances, donner à Dieu une gloire que je ne pourrais pas lui donner autrement. . . [C'est pourquoi] la souffrance est un privilège pour le chrétien, et souffrir beaucoup est un privilège particulier.*

Les épreuves et les souffrances font partie de la vie. Pourtant, la souffrance est l'un des meilleurs outils que le Seigneur utilise avec sagesse pour nous faire ressembler davantage au Christ et lui rendre gloire.

> *"Si vous voulez être comme Jésus, souvenez-vous qu'il a eu un désert, un Gethsémani et un Judas."*

Tout cela pour vous rassurer : On peut faire confiance au Seigneur dans les épreuves. Comme l'a dit le grand revivaliste Leonard Ravenhill, "si vous voulez être comme Jésus, souvenez-vous qu'il a eu un désert, un Gethsémani et un Judas".

En tant qu'homme chrétien, comment supportez-vous les épreuves ? Avez-vous été avec le Seigneur dans son école de la souffrance ? Si c'est le cas, vous connaissez à la fois le coup de marteau et la tendresse du réconfort du Seigneur.

La façon dont vous gérez les épreuves et les tests que le Seigneur vous envoie influence également votre femme et votre famille. Ils verront de première main comment un homme pieux réagit lorsque le Seigneur ordonne des temps difficiles. Mon frère, utilise chaque épreuve comme une opportunité de grandir en Christ et d'être un modèle de Christ pour ta famille.

(3) Être en alerte face à l'ennemi

Le combat spirituel est réel ; nous le savons d'après de nombreux passages de l'Écriture. Mais cela signifie-t-il que nous devons craindre le diable et ses forces ? Devons-nous nous inquiéter constamment de la puissance de leur influence dans nos vies ? Comment envisageons-nous le combat spirituel d'un point de vue pratique, au jour le jour ?

Tout comme certaines personnes peuvent se tromper en pensant que le combat spirituel n'est pas réel, nous pouvons nous tromper en pensant que Satan est plus puissant qu'il ne l'est, ou que chaque expérience négative dans notre vie est un combat spirituel. Nous devrions plutôt prendre courage en nous appuyant sur le fait que la Bible dit que Dieu nous a équipés de tout ce dont nous avons besoin pour la vie chrétienne (2 Pierre 1.3), y compris des armes et des stratégies pour vaincre notre ennemi invisible.

Le Seigneur Jésus nous a appris à prier,

> *"ne nous induis pas en tentation,*
> *mais délivre-nous du malin."*
> *(Matthieu 6.13)*

Jésus ne nous aurait pas appris à prier de cette manière si le combat spirituel n'existait pas, si les attaques d'un vrai diable n'existaient pas. Au contraire, il nous a informés du danger et nous a enseigné notre première ligne de défense contre celui-ci : prier le Père d'agir en notre faveur. Après l'ascension de Jésus, l'Esprit a inspiré les auteurs du Nouveau Testament pour qu'ils nous donnent davantage de conseils.

> *Jésus ne nous aurait pas appris à prier de cette manière si le combat spirituel n'existait pas.*

Pierre nous avertit du danger et nous dit de tenir bon et de résister. "Soyez sobres, veillez. Votre adversaire, le diable, rôde comme un lion rugissant, cherchant qui il dévorera...". (1 Pierre 5.8).

Paul avertit également ses lecteurs des dangers et leur donne les conseils tactiques nécessaires pour "Au reste, fortifiez-vous dans le Seigneur, et par sa force toute-puissante" (Éphésiens 6.10). Il décrit ensuite l'armure de combat spirituelle du chrétien et exhorte à plusieurs reprises les croyants à être forts, à tenir bon, à prier avec ferveur dans l'Esprit, à être vigilants et à persévérer (Éphésiens 6.10-18).

Jacques nous assure que la victoire nous appartient en Christ et il nous donne la stratégie à suivre :

Soumettez-vous donc à Dieu; résistez au diable, et il fuira loin de vous. (Jacques 4.7)

Jean nous exhorte à utiliser notre esprit, à faire preuve de discernement, à "éprouvez les esprits, pour savoir s'ils sont de Dieu," (1 Jean 4.1).

Ce que je trouve intéressant, c'est que nulle part dans les Écritures, Dieu ne dit de craindre l'ennemi. De nombreux passages nous ordonnent de craindre le Seigneur, mais jamais de craindre le diable. Nous ne devons pas non plus prendre ses menaces à la légère, mais plutôt être conscients et sur nos gardes face à ses attaques et être prêts à les affronter.

Par exemple, dans les paroles de Paul sur le combat spirituel adressées aux croyants éphésiens, il les exhorte à deux reprises à revêtir l'armure de Dieu (11, 13), et à quatre reprises à résister ou à tenir bon (11, 13, 14). Il parle de l'Esprit à deux reprises (17,

18) et souligne l'importance de la prière, également mentionnée à deux reprises (18).

L'espace nous empêche d'examiner ce sujet plus en détail, mais il convient de souligner, à partir des passages ci-dessus, à quel point nous devons être proactifs dans la bataille.

> *De nombreux passages nous ordonnent de craindre le Seigneur, mais jamais de craindre le diable.*

Le Seigneur nous a dotés de toutes les ressources et stratégies spirituelles dont nous aurons besoin pour résister avec assurance aux attaques de l'ennemi, et elles sont "puissantes, par la vertu de Dieu, pour renverser des forteresses." (2 Corinthiens 10.4).

Plus merveilleux encore, le Seigneur Jésus lui-même a prié pour ses disciples, demandant au Père de les "les préserver du mal" (Jean 17.15). Jésus intercédait pour tous les croyants, tous ceux que le Père lui avait donnés. Quel réconfort !

Comment cela se traduit-il dans la vie

de tous les jours ? Nous devons avant tout nous concentrer sur le Seigneur. Lorsque nous nous concentrons sur lui, que nous le cherchons dans la prière et la Parole et que nous accomplissons les bonnes œuvres qui lui plaisent, il devient beaucoup plus facile de lutter contre notre propre péché. Pour ma part, j'ai rarement tendance à penser au combat spirituel. Je suis sûr que c'est le cas, mais c'est dans un coin de ma tête. Je ne minimise pas le pouvoir et les tentations du diable en disant cela, mais la plupart du temps, je suis plus préoccupé par les faiblesses et le péché dans mon propre cœur que par le diable et ses sbires autour de moi.

Oui, soyez attentifs au combat spirituel. Oui, soyez attentifs à ce qui vous tente spécifiquement, et aux moments où ces tentations se présentent. Mais il n'est pas nécessaire de s'attarder sur ces choses ou de vivre dans la peur. Priez le Père. Suivez le Christ. Marcher dans l'esprit.

(4) Toujours être prêt

Il y a un autre point important que je veux encourager dans votre marche personnelle avec le Christ. Vous vous demandez peut-être : "Comment puis-je savoir si ma vie privée est en ordre ?"

Tout d'abord, il faut comprendre que la mise en ordre de notre vie privée n'est pas un événement ponctuel. Il est vrai, bien sûr, que lorsque nous naissons de nouveau, nous devenons une nouvelle création et que l'ancien est passé (2 Corinthiens 5.17). Au moment où nous nous repentons et croyons en l'Évangile, par le Christ et la puissance de l'Esprit, nos anciens cœurs de pierre pécheurs sont remplacés par de nouveaux cœurs de chair, rendus purs par la foi (Ézéchiel 36.26 ; Actes 15.9).

> *Lorsque nous naissons de nouveau, nous devenons une nouvelle création et l'ancien est passé.*

Cependant, en tant que chrétiens, nous continuons à pécher. Jacques, par exemple, met en garde les croyants contre "zèle amer et un esprit de dispute" dans leur cœur (Jacques 3.14). Dans sa prière de repentance, David a demandé au Seigneur de créer en lui un cœur pur et de lui rendre un esprit droit (Psaume 51.10). Lorsque nous péchons, nous devons aussi aller vers le Seigneur et chercher son pardon (1 Jean 1.9).

La première façon pratique de mettre de l'ordre dans notre vie privée est de marcher avec le Seigneur chaque jour. Jésus nous a dit de demeurer en lui et que, sans lui, nous ne pouvons rien faire (Jean 15.5). En nous rapprochant du Seigneur dans la prière et en lisant la Bible chaque jour, le Seigneur nous donnera l'assurance que tout va bien, ou il enverra avec amour l'Esprit pour nous montrer ce que nous avons besoin de savoir, de changer ou de confesser.

Il y a quelques années, j'ai entendu un sage conseil que je n'ai jamais oublié : "Un pasteur doit être prêt à tout moment à prier, à prêcher ou à mourir". Ce sont des paroles sages, et je dirais qu'elles ne sont pas réservées aux pasteurs. Je ne suis pas pasteur, mais depuis que j'ai entendu ces mots, j'ai essayé de vivre ma vie en fonction d'eux.

> *Vous devez être prêt à tout moment à prier, à prêcher ou à mourir.*

Paul a demandé à Timothée d'être toujours prêt à prêcher l'Évangile (2 Timothée 4.2). Dans sa première épître, Pierre dit à ses lecteurs que la fin étant proche, ils doivent être lucides pour pouvoir prier (1 Pierre 4.7).

Dans le même ordre d'idées, j'ai également entendu dire qu'à tout moment, un chrétien sort d'une épreuve, s'apprête à en subir une ou est déjà au milieu d'une épreuve. Il serait sage que nous vivions également notre vie de manière à remercier le Seigneur de nous avoir placés dans un lieu de calme et de bénédiction, mais sans nous y installer trop confortablement. Jonas a apprécié l'ombre de son melon, mais cela n'a pas duré très longtemps. Il n'est pas nécessaire de vivre dans la crainte et l'anticipation, mais il est sage d'être toujours prêt à affronter les épreuves.

Le message que le Seigneur a donné au prophète Aggée pour qu'il le transmette au peuple de Juda était le suivant : "Considérez attentivement vos voies". C'était un appel à s'interroger sur soi-même et sur sa fidélité devant le Seigneur. Nous avons tous besoin de le faire de temps en temps. Avant de passer au chapitre suivant, demandez à l'Esprit Saint de vous montrer votre cœur. Demandez au Seigneur d'enlever tout ce qui doit l'être et de purifier ce qui doit l'être.

Comment pouvons-nous, en tant qu'hommes, bien aimer et servir nos épouses et nos familles si notre vie privée est en désordre ? Comment pouvons-nous être des hommes d'église fidèles et des ministres du Christ, que nous soyons pasteurs ou non, si nous ne marchons pas quotidiennement dans l'Esprit ? Nous ne pouvons pas. Comme l'a dit Jésus, sans lui, nous ne pouvons rien faire.

Posez-vous la question :

- Mon cœur est-il bien disposé à prier le Seigneur sans entrave ?
- Suis-je spirituellement prêt à prêcher ou à évangéliser à tout moment ?
- Si le Seigneur me ramenait à la maison aujourd'hui, suis-je prêt ?

L'auteur de l'épître aux Hébreux nous rappelle que nos consciences sont purifiées par le sang de Jésus dans un but précis : pour que nous puissions servir Dieu (Hébreux 9.14). Paul exprime cette même idée dans sa lettre aux Ephésiens. Il dit à ses lecteurs qu'ils ont été rendus vivants en Christ et qu'ils ont été créés pour accomplir de bonnes œuvres en Christ (Éphésiens 2.10).

> *Ce monde a désespérément besoin de voir des hommes vivre leur vie pour le Christ, pleins d'amour et de bonnes œuvres.*

Nos femmes méritent des maris pieux. Nos familles méritent des pères pieux. Nos églises ont besoin d'hommes d'église pieux. Et ce monde a désespérément besoin de voir des hommes vivre leur vie pour le Christ, pleins d'amour et de bonnes œuvres, à la gloire de Dieu.

Nous n'avons pas de temps à perdre !

Votre mariage et votre foyer

"Maris, montrer à votre tour de la sagesse dans vos rapports avec vos femmes, comme avec un sexe plus faible; honorez-les, comme devant aussi hériter avec vous de la grâce de la vie. Qu'il en soit ainsi, afin que rien ne vienne faire obstacle à vos prières."
(1 Pierre 3.7)

Après avoir parlé de la vie privée d'un homme, il est temps de parler de son mariage et de son foyer. Bien qu'ils soient abordés ensemble dans ce chapitre, le mariage et le foyer ne sont pas égaux. Le mariage d'un homme a la priorité sur la dynamique familiale des enfants (qui, à leur tour, ont la priorité sur la famille élargie d'un homme).

> *Le mariage d'un homme a la priorité sur la dynamique familiale des enfants.*

Les rôles de mari et de père que Dieu vous a donnés sont les deux rôles les plus importants de votre vie. Aucun autre rôle n'aura d'impact sur les générations comme la façon dont vous aimez votre femme et dont vous donnez l'exemple du Christ dans votre foyer. Ce faisant, vous montrez également à un monde perdu et mourant le sage plan de Dieu pour la famille et le foyer, à la louange de son nom.

(1) Connaître le pouvoir sanctifiant de votre foyer

D'après mon expérience, la plus grande mesure de sanctification d'un homme - c'est-à-dire le fait d'être mis à part du péché et mis à part pour servir Dieu - aura lieu au sein du foyer. Je ne connais pas d'environnement qui ait autant fait de moi ce que je suis aujourd'hui que le fait de m'efforcer d'être un mari pieux, plus encore que le séminaire, le travail ou le ministère. Et bien que je ne sois pas père, je suis sûr que ceux d'entre vous qui le sont sont d'accord avec moi.

Cela m'amène à évoquer un point important sur les familles que j'ai entendu il y a des années et que j'aimerais vous transmettre : Votre femme est votre famille. Lorsque les enfants arrivent, votre famille s'agrandit, mais pour l'instant, s'il n'y a que vous et votre femme, vous êtes une *famille*.

Premièrement, le mariage lui-même est sanctifiant. Dans un sermon que j'ai entendu il y a des années et qui s'intitulait "La gloire de Dieu dans le mariage", Paul Washer explique que Dieu ne vous met pas en couple avec quelqu'un qui vous ressemble. Au contraire, votre partenaire sera probablement très différent de vous. Le Seigneur agit avec sagesse, de sorte qu'en apprenant à vivre avec vos différences, vous apprenez la patience, la gentillesse, la grâce et toutes les qualités que Dieu désire dans votre vie.

Le Seigneur utilise également les pressions et les problèmes ordinaires de la vie familiale à ses fins. Bien sûr, Dieu est infini, il dispose donc d'un nombre infini de moyens pour y parvenir. Parfois, il s'agit des détails ordinaires de la vie à chaque instant ; parfois, il s'agit de saisons ou d'épreuves spécifiques qu'il permet. Chaque fois que le toit coule, qu'un enfant est malade ou qu'il y a un problème au travail, c'est l'occasion d'apprendre à faire confiance au Seigneur, à obéir à ses ordres et à le glorifier.

> *La sanctification est le fait d'être séparé du péché et d'être mis à part pour servir Dieu.*

C'est à la maison que le Seigneur nous enseigne des vertus telles que l'humilité et le pardon. Être un mari et un père peut parfois être très humiliant, surtout lorsque nous péchons par nos paroles ou nos actions et que nous devons nous humilier et demander pardon à notre femme ou à nos enfants. C'est aussi là que nous apprenons à pardonner aux autres lorsqu'ils ont péché contre nous.

La maison est le principal endroit où le Seigneur nous apprend à être patients. Jacob savait qu'il devait conduire son cortège familial lentement, afin de ne pas pousser les enfants et le bétail à bout (Genèse 33.14,15). Nous devons être conscients avec amour des limites de notre famille et faire preuve de patience lorsque la vie n'évolue pas au rythme que nous souhaitons.

La patience se manifeste également sous la forme d'interruptions. Considérons le ministère terrestre de notre Seigneur. En lisant les Évangiles, on a l'impression que son ministère est interrompu les uns après les autres. Dans Matthieu 9 seul, nous voyons d'abord un chef venir à lui pour lui demander de guérir sa fille (verset 9). En chemin, une femme tend la main pour être guérie (verset 20). Après qu'il a ressuscité la jeune fille, deux aveugles le suivent et l'interrompent (verset 27). Puis un homme muet lui est amené pour être guéri (verset 32). Matthieu explique ensuite à ses lecteurs que ce genre de choses s'est produit partout où Jésus est allé (verset 35). Mais le Seigneur était toujours prêt, jamais pressé, jamais trop occupé pour montrer de la compassion (verset 36).

Nous devons être conscients, avec amour, des limites de notre famille.

Qui est plus démuni et a plus besoin de tendresse qu'un bébé ? Qui, plus qu'un enfant, a besoin d'être nourri et encouragé ? Qui mérite plus que notre épouse notre partenariat amoureux ? C'est à la maison que nous apprenons constamment la bonté et la compassion, et que nous pratiquons l'amour et les bonnes œuvres.

- C'est à la maison que nous apprenons à communiquer. Dieu utilise nos familles pour nous

- apprendre à écouter, à faire preuve d'empathie, à dire quoi et comment le dire au mieux.
- Le foyer est aussi l'endroit où le Seigneur nous apprend à lui demander de la sagesse et à appliquer les principes bibliques pour résoudre nos problèmes.
- C'est à la maison que nous découvrons à quel point notre attitude affecte notre femme et nos enfants. En fait, cette leçon a été si importante dans ma vie que j'y ai consacré un sujet entier que nous aborderons bientôt.

Dieu continue de mettre en œuvre ces vertus dans ma vie. En dirigeant mon foyer, Dieu m'a enseigné le leadership. À la maison, au travail et dans le ministère, je suis un meilleur leader parce que le Seigneur m'a appris à être un meilleur serviteur.

En conclusion de cette section, rappelons-nous que chaque parole et chaque action du Seigneur Jésus est une leçon à appliquer dans nos vies et dans nos foyers. Regardez comme il était tendre avec les enfants !

Regardez la compassion qu'il a eue pour les femmes ! Regardez comment il a enseigné à ses disciples ! Pensez à son dernier jour sur terre. Le Seigneur a organisé le lieu du repas de la Pâque pour ses disciples, leur a lavé les pieds, les a enseignés, a prié le Père pour eux, les a protégés lors de son arrestation et s'est soucié de Pierre pendant son propre procès. Et tandis qu'il agonisait sur la croix, il a veillé à ce que sa mère soit prise en charge. Oh, que nous regardions Jésus comme l'exemple à suivre pour aimer et servir notre famille avec patience, grâce et compassion !

(2) Pratiquer l'amour et les bonnes œuvres à la maison

Lorsqu'on a demandé à Jésus quel était le plus grand commandement, il a répondu : "Tu aimeras le Seigneur, ton Dieu, de tout ton coeur, de toute ton âme, et de toute ta pensée. C'est le premier et le plus grand commandement. Et voici le second, qui lui est semblable: Tu aimeras ton prochain comme toi-même." (Matthieu 22.37-39).

Nous devons nous poser la question :

Qui est notre prochain ? Notre voisin est toute personne qui nous entoure. Il est donc logique que nos voisins les plus proches soient ceux qui sont les plus proches de nous, c'est-à-dire notre femme et nos enfants. Ce sont nos "voisins" qui vivent sous le même toit que nous.

Le foyer est notre champ de mission le plus proche, l'endroit où nous pouvons semer l'amour et les bonnes œuvres et récolter une moisson pour de nombreuses années à venir. C'est là que nous prêchons à notre femme et à nos enfants que le Christ est crucifié, ressuscité et qu'il revient. C'est le premier endroit où nous devons nous abaisser et servir dans l'humilité avec le bassin et la serviette.

Dieu a sagement réparti les rôles au sein du foyer.

Pourtant, pour certains hommes chrétiens, le foyer n'est pas un lieu où l'on sert, mais où l'on est servi. La maison devient l'endroit où ils peuvent accrocher leur christianisme pour la journée et le reprendre le lendemain en sortant.

Dieu a sagement réparti les rôles au sein du foyer. La femme doit s'occuper de son mari, de leurs enfants et de la maison, et l'homme doit travailler pour subvenir à leurs besoins, les guider dans l'amour et être le chef spirituel du foyer. Mais nous, les maris, pouvons servir nos femmes en les aidant à la maison, par exemple.

Lorsque Paul écrit à Tite, il lui dit : " ceux qui ont cru en Dieu s'appliquent à pratiquer de bonnes oeuvres." (Tite 3:8). Où les bonnes œuvres doivent-elles commencer si ce n'est à la maison ?

Le Seigneur Jésus était un soulageur de fardeaux. Il a soulevé les fardeaux des autres et les a portés sur ses propres épaules (Ésaïe 53.4). Il a pris le fardeau des malades, des possédés du démon, des personnes en deuil, des exclus couverts de honte. . . Et surtout, il a pris sur lui le fardeau des péchés du monde. Le Seigneur nous dit à maintes reprises que nous devons lui remettre nos fardeaux (Psaume 55:22 ; Matthieu 11.28 ; 1 Pierre 5.7).

Puisque nous, les hommes, devons aimer nos femmes comme le Christ a aimé l'Église, nous devrions être sensibles aux fardeaux de nos proches. Quels fardeaux pouvez-vous enlever à votre femme aujourd'hui ? Quels fardeaux pèsent sur le dos de vos chers enfants ? Comment pouvez-vous glorifier le Seigneur par vos bonnes actions à la maison ?

Permettez-moi d'ajouter une dernière réflexion, non pas tant sur les bonnes œuvres que sur les bonnes *paroles*. Tout comme vous cherchez à donner l'exemple de l'amour et des bonnes œuvres à la maison, donnez l'exemple de Jésus dans la façon dont vous et votre femme parlez l'un de l'autre en public.

Le Seigneur Jésus était un soulageur de fardeaux. Il a soulevé les fardeaux des autres et les a portés sur ses propres épaules.

Une autre parole sage que j'ai entendue il y a des années est la suivante : Les maris et les femmes devraient se mettre d'accord pour ne pas se corriger ou se critiquer mutuellement en public. Donnez l'exemple d'un mari aimant, à l'image du Christ, en parlant toujours en bien de votre femme lorsque vous vous adressez à d'autres personnes. Pensez au bien-être de votre femme lorsqu'elle vous entendra parler d'elle en bien aux autres. Pensez au bien-être que vous ressentirez lorsqu'elle dira des mots gentils à votre sujet. Elle donnera l'exemple d'une épouse pieuse qui honore son mari en choisissant de ne pas vous corriger ou vous critiquer publiquement. Au lieu d'utiliser vos mots pour démolir, vous servirez ensemble le Seigneur dans un ministère public de grâce, en vous édifiant les uns les autres dans l'amour.

(3) Donnez l'exemple du Christ dans votre foyer

Cette section recoupe et poursuit la discussion sur l'amour et les bonnes œuvres à la maison. Il s'agit de savoir comment notre famille nous observe et ce que nous pouvons lui apprendre par notre façon d'agir et de réagir dans la vie quotidienne. Nos épouses apprendront plus de nous en observant notre vie que par tout ce que nous pourrions dire. Les actes sont plus éloquents que les mots.

Permettez-moi de vous donner un bref exemple. Je connais un chrétien dont la femme ne lisait pas toujours la Bible. Elle a lu de nombreux livres chrétiens, mais n'a jamais pris l'habitude de consacrer régulièrement du temps à la Parole.

Lui, en revanche, s'était fixé comme priorité de commencer chaque matin par un temps de lecture de la Bible.

Le fait que sa femme ne lise pas la Bible le dérangeait. Il a parfois essayé de critiquer son manque de lecture de la Bible, mais cela n'a pas fonctionné. Entre-temps, chaque matin, il a continué à lire la Bible.

Au fil du temps, sa femme a commencé à lire la Bible plus régulièrement. Finalement, elle aussi a pris l'habitude de commencer sa journée par la lecture d'un passage de l'Écriture !

Qu'est-ce qui a changé ?

Elle commence à remarquer l'effet que la lecture quotidienne de la Bible a sur sa vie. Il grandissait dans le Seigneur comme elle ne le faisait pas. Elle a donc décidé de commencer à lire la Bible pour elle-même.

Pendant tout ce temps, il n'avait aucune idée de l'effet de son témoignage. Il n'avait aucune idée qu'elle observait sa vie, ou l'inspiration qu'il était devenu !

Qu'il s'agisse de notre habitude de lire la Bible et de prier chaque jour, de notre façon de gérer les pressions quotidiennes de la vie ou les épreuves soudaines, nos épouses apprendront plus de nous en nous observant chaque jour et dans les épreuves qu'elles ne l'apprendront jamais de nos sermons (ou de notre harcèlement - et oui, nous, les hommes, pouvons aussi être des harceleurs !) Que voient-ils en vous lorsque vous êtes confronté à des épreuves ? Des découragements ? Des déceptions ?

Regardez comment Pierre décrit Jésus dans Actes 10.38 : "Dieu a oint du Saint Esprit et de force Jésus de Nazareth, *qui allait de lieu en lieu faisant du bien et guérissant tous* ceux qui étaient sous l'empire du diable" (italiques ajoutés). Saviez-vous que le mot "chrétien" signifie en réalité "celui qui est du Christ" ? Les premiers croyants ressemblaient tellement à Jésus dans leur façon de vivre qu'on leur a donné ce surnom. Comment pouvez-vous suivre l'exemple béni de Jésus et lui ressembler ? Pourquoi ne pas vous efforcer chaque jour de faire le bien partout où vous allez et, lorsque vous en avez l'occasion, de partager les paroles de guérison de la bonne nouvelle de Jésus avec un monde opprimé par le diable.

Et où cela commence-t-il ? Sous votre toit, dans votre propre maison. Demandez au Seigneur de vous rendre semblable à Jésus aujourd'hui.

Comment donnez-vous l'exemple du Christ à votre femme ? L'aimez-vous comme le Christ a aimé l'Église ? La considérez-vous comme le vaisseau le plus faible (le plus délicat) ? L'encouragez-vous par des mots gentils ? Est-elle réconfortée par vos paroles ? Sait-elle que vous la protégez et que vous vous occupez d'elle ? Vous voit-elle lire votre Bible ? Vous considère-t-elle comme un homme qui prie avec ferveur ?

Nos épouses apprendront plus de nous en nous observant au quotidien et dans les épreuves qu'elles n'apprendront jamais de nos sermons.

Votre mariage et votre foyer

Votre femme est un don de Dieu. Dieu l'a dotée d'un don unique pour vous compléter. Lorsque je suis bloqué sur une décision et que j'ai besoin d'un autre avis, j'en parle à ma femme. Elle a une façon merveilleuse de souligner un détail auquel je n'avais pas pensé. Très souvent, ce détail était la partie qui bloquait tout le travail et, une fois qu'il a été supprimé, la décision est évidente et il y a une bonne façon d'avancer.

Accordez-vous de l'importance à l'avis de votre femme sur les décisions importantes ? Sait-elle que vous le faites ?

Exprimez-vous votre reconnaissance pour la façon dont elle tient la maison, les repas qu'elle prépare et la façon dont elle élève les enfants ?

Comme je n'ai pas d'enfants moi-même, je ne peux parler de la paternité que de manière générale. Mais je vais vous parler de mon propre père.

J'ai grandi avec un père aimant. Je ne l'ai jamais vu ivre. Il ne nous a jamais battus, ni ma mère. Il était un mari fidèle à ma mère et il a fait de nombreux sacrifices pour subvenir aux besoins de nos enfants.

C'était un homme bon, mais ce n'était

pas un chrétien. Il allait rarement à l'église. Il ne nous a pas guidés dans les choses du Seigneur. Je crois que je l'ai vu lire la Bible une fois dans ma vie, mais je ne l'ai jamais vu prier sérieusement.

Pour cette raison, je n'ai pas grandi avec la bénédiction d'apprendre à être un homme chrétien pieux en observant la vie de mon père. Je n'ai jamais connu ces moments où un père sage et pieux enseigne à son fils ce qu'il doit savoir sur la vie à partir de la Parole de Dieu.

Vos enfants se souviendront-ils d'être entrés dans la pièce et de vous avoir vu, vous, leur père, en train de lire la Bible ou de prier ? Quelles impressions leur laisserez-vous ? Que diront-ils de vous à *leurs* petits-enfants, à vos arrière-petits-enfants ? Imaginez la puissance de votre témoignage pour que même votre quatrième génération puisse savoir que le Christ a été le Seigneur de votre vie !

(4) Diriger avec une attitude semblable à celle du Christ

La section précédente s'est concentrée sur la manière dont nous agissons et réagissons à la maison. Cette section traite de l'attitude à adopter à la maison.

Notre attitude à la maison a plus d'importance que nous ne le pensons. Vous réglez la température de votre maison. Grâce à vous, votre maison sera comme un feu chaud ou un vent froid. Toute la famille se sent chaude ou froide en fonction de votre tempérament.

Si le soleil dans votre vie se cache derrière des nuages, votre famille ressentira la fraîcheur de l'air. Lorsque vous êtes en colère et qu'à l'intérieur vous êtes plein de tonnerre et de tempêtes, votre colère les poussera à se mettre à l'abri. Vos sombres nuages de désespoir les rendront tristes ou effrayés.

Mais l'inverse est également vrai. Lorsque votre espérance et votre confiance inébranlables dans le Seigneur brillent, toute la famille voudra sortir et profiter de sa chaleur. Lorsque vous leur montrez à quoi ressemble une assurance sereine dans la providence du Seigneur lorsque vous êtes confronté à l'incertitude ou aux épreuves, votre attitude les inspirera, les calmera et les encouragera. Ils sauront que la tempête passera et que, jusqu'à ce qu'elle passe, vous êtes tous en sécurité, tout comme Noé dans l'arche - et rappelez-vous, l'arche est une sorte d'image du Christ.

Nous devons être des hommes qui font preuve d'une grande confiance dans la bonté de Dieu. Nous devons diriger nos familles comme l'a fait Josué, avec la même détermination que celle dont il a fait preuve lorsqu'il a dit : "Moi et ma maison, nous servirons l'Éternel." (Josué 24.15).

Comment pouvons-nous le faire ? Dans le monde, ce sont souvent les émotions qui dominent. J'ai entendu l'explication suivante : les émotions sont la locomotive à l'avant du train : Les émotions sont la locomotive à l'avant du train. Mais c'est ainsi que les choses se passent maintenant pour les chrétiens. En Christ, notre esprit a été renouvelé. Nos volontés ont été renouvelées. Nous ne sommes plus retenus et asservis par nos passions.

Comme on l'enseigne dans les conseils

bibliques, les pensées justes conduisent à des actions justes, à des sentiments justes. Lorsque nous pensons correctement, nous agissons correctement ; et lorsque nous agissons correctement, nous nous sentons bien.

Notre esprit devient la locomotive qui conduit nos actions, nos émotions étant connectées à la fin du train.

C'est pourquoi, en tant que chrétiens, nous pouvons jouir d'une paix qui dépasse l'entendement (Philippiens 4.7). Nous ne laissons pas notre situation déterminer nos émotions, mais nous nous rappelons qui est Dieu et ses grandes et précieuses promesses.

> *Nous devons être des hommes qui font preuve d'une grande confiance dans la bonté de Dieu. Nous devons servir nos familles avec un esprit de gaieté.*

Nous devons servir nos familles avec un esprit de bonne humeur. Pensez aux paroles de Paul aux Galates : "Mais le fruit de l'Esprit, c'est l'amour, la joie, la paix, la patience, la bonté, la bénignité, la fidélité, la douceur, la tempérance ; la loi n'est pas contre ces choses." (Galates 5.22-23). Comment pouvez-vous donner l'exemple de ces vertus à votre famille ?

Regardez à nouveau l'exemple de notre Seigneur. Bien qu'il soit l'homme de douleur, il est plein de joie et d'allégresse. À maintes reprises, il est rapporté qu'il a dit à quelqu'un : "Courage !". Au paralytique dont les péchés ont été pardonnés, il a dit : "Prenez courage !". À la femme guérie de ses années de souffrance dues à sa maladie du sang, il dit : "Prenez courage !". Les quatre évangiles rapportent qu'il l'a dit. Même s'il a dit que des épreuves ne manqueraient pas de survenir, il a dit à ses disciples de "prendre courage". Pourquoi ? "J'ai vaincu le monde" (Jean 16.33).

Pensez qu'un seul de ses regards a dû vous inspirer de la joie et un cœur joyeux ! Pensez à l'encouragement qu'a dû ressentir le voleur pardonné sur la croix après avoir appris qu'il serait bientôt avec le Seigneur au paradis !

Votre mariage et votre foyer

*Jésus a dit à ses disciples
: "Prenez courage !".
Pourquoi ?
"J'ai vaincu le monde".*

Dans ce monde, il est facile de perdre de vue les raisons d'être joyeux. Il est facile de rentrer chez soi fatigué et découragé après avoir conseillé un cœur endurci ou entendu une critique injuste. Exercer un ministère, c'est être confronté de près et personnellement aux maux de cœur du péché. Il peut s'agir d'un travail triste et lourd.

Mais ne laissez pas le diable vous voler votre joie. Ne laissez pas votre chair et vos émotions déterminer votre attitude. Pensez à l'esprit que vous êtes sur le point d'apporter à votre belle épouse et à vos enfants. Pensez aux bénédictions qu'ils reçoivent du Seigneur. Alors, regardez le Seigneur Jésus et "prenez courage !".

Votre ministère

"Occupe-toi de ces choses, donne-toi tout entier à elles, afin que tes progrès soient évidents pour tous. Veille sur toi-même et sur ton enseignement; persévère dans ces choses, car, en agissant ainsi, tu te sauveras toi-même, et tu sauveras ceux qui t'écoutent."
(1 Timothée 4.15-16)

Tous les hommes luttent contre l'épuisement professionnel. Au fil du temps, la vie de l'église exige de plus en plus de leur temps et de leur énergie. Parce qu'ils ne savent pas dire non, ils sont surchargés de rendez-vous et de responsabilités. Lorsque cela se produit, la femme et le mariage de l'homme sont les premiers à en ressentir les effets. Puis les enfants. Si rien n'est fait, sa vie familiale devient un désastre silencieux. Comme une voiture mal entretenue, un homme peut rouler un certain temps ainsi, mais, comme la voiture, il finira par tomber en panne.

Le Seigneur n'a pas voulu que le ministère soit ainsi. Ce dernier chapitre offre une aide pratique pour concilier votre famille et votre ministère.

(1) Pratiquer une discrétion aimante

Il y a des années, alors que je pensais que le Seigneur me conduisait à devenir pasteur, j'ai informé ma femme qu'il y aurait certains détails dans le ministère que je ne lui dirais pas. Je n'ai pas dressé de liste de ce que je partagerais ou non, et je n'avais pas l'intention de garder des secrets parce que je ne l'aimais pas et ne lui faisais pas confiance. Au contraire, je ne lui aurais pas tout dit précisément *parce que* je l'aimais.

Mon raisonnement était que je ne voulais pas partager des détails sensibles sur certaines personnes ou des circonstances difficiles parce que je ne voulais pas l'accabler. Je ne parle pas de conversations régulières sur la vie de l'église. Je veux parler des problèmes difficiles qui se posent dans le cadre du ministère. Je pratiquais la discrétion amoureuse.

Et si je lui parlais de quelqu'un et qu'elle ne pouvait plus jamais regarder cette personne de la même façon ? Et si le fait de savoir devenait une pierre d'achoppement qui l'empêcherait d'aimer cette personne dans le Seigneur ? De plus, personne ne peut l'accuser de se mêler des affaires de l'église si elle n'a aucune idée de ce dont il s'agit !

Il n'y a pas de verset biblique qui dise : "Ne parle pas à ta femme des détails de ton ministère". Peut-être que certains hommes sont différents et qu'ils racontent à leur femme tout ce qui concerne la vie du ministère. Il n'y a pas de règle ici ; il s'agit seulement d'une suggestion que vous pouvez utiliser à votre guise.

En outre, le pouvoir discrétionnaire en matière d'amour s'exerce au cas par cas. Il m'est arrivé de raconter à ma femme des détails sur une situation ecclésiale particulière parce qu'elle avait besoin de savoir. Elle avait besoin de le savoir pour pouvoir prier plus spécifiquement à ce sujet. Ou bien elle avait besoin de savoir parce que je voulais qu'elle rencontre une sœur en Christ pour essayer de la former en tant que disciple alors qu'elle traversait une épreuve, ou pour toute autre raison.

Et le contraire est vrai : j'ai demandé à ma femme de ne pas me donner de détails sur les femmes qu'elle conseille et dont elle est la disciple, sauf si elle en décide autrement. La plupart du temps, je n'ai aucune idée de ce qui se passe, ou seulement une idée générale de la situation. D'une part, je ne suis pas pasteur, donc si c'est vraiment une question sérieuse, elle peut demander conseil aux anciens. En outre, en tant qu'homme, je n'ai pas besoin de connaître certains détails.

Dans le même ordre d'idées, il y a quelques années, quelqu'un m'a donné un autre grand conseil que j'ai toujours cherché à suivre. Cette personne a dit : "Sois un puits profond". Lorsque l'on jette une pierre dans un puits, elle descend, descend, descend, pour ne plus jamais remonter.

Lorsque quelqu'un vous dit quelque chose en toute confiance, laissez-le couler au fond de l'eau. N'en parlez pas aux autres. Il est évident qu'il ne s'agit pas non plus d'une règle absolue et qu'il faut faire preuve de discernement. Il arrive que d'autres personnes doivent être informées d'une question. Mais, en général, les gens devraient pouvoir vous faire confiance pour une question confidentielle.

(2) Ne négligez pas votre famille pour le ministère

En parlant de la famille, mon pasteur, le Dr J. Paul Dean, a dit un jour :

> *Dans l'ordre créé par Dieu, la famille est fondamentale. Si Satan veut détruire une culture, il s'attaque à la famille.*

Il a raison. Et dans le même ordre d'idées, lorsque Satan veut détruire un homme de Dieu, il s'en prend à lui personnellement et à sa famille. Et pourtant, de nombreux pasteurs et hommes d'église donnent la priorité à leur ministère sur leur famille.

> *Ne sacrifiez pas votre femme et votre famille pour le ministère.*

En clair, ne sacrifiez pas votre femme et votre famille pour le ministère : Ne sacrifiez pas votre femme et votre famille pour le ministère. Jay E. Adams, conseiller biblique, écrit sur le besoin d'équilibre lorsqu'il s'agit de jongler entre l'église et la famille. Il commence par dire que si nous négligeons nos familles pour le travail de l'église, nous sommes dans le péché, et l'église locale est également dans le péché pour l'avoir laissé faire. Le Dr Adams ajoute ensuite :

> *Un ministre, par exemple, qui "sacrifie" sa famille pour le "travail [du ministère]" est dans l'erreur. Il a une attitude non biblique à l'égard de sa famille. Il doit être un mari pour sa femme, comme le Christ l'est pour l'Église ; un père pour ses enfants, comme Dieu l'est pour nous. Le Christ "sacrifie-t-il" son Église au nom de son œuvre ? Dieu fait-il de même avec ses enfants ? Ce concept n'est pas enseigné dans la Bible.*[1]

Certains diront que les exigences du ministère sont si grandes qu'elles nécessitent une telle négligence, mais ce n'est tout simplement pas vrai. Bien que travaillant souvent dix-huit heures par jour

---

1 Jay E. Adams, *Maintenir l'équilibre délicat de la vie chrétienne*, (Textes intemporels, Woodruff, Caroline du Sud)105.

pour prêcher, enseigner ou écrire, Charles Spurgeon était un père aimant et joyeux.

Martyn Lloyd-Jones, comme Spurgeon avant lui, avait également un emploi du temps remarquablement chargé. Cependant, Lloyd-Jones n'a pas non plus sacrifié sa famille pour un plus grand ministère. On se souvient également de lui comme d'un mari, d'un père et d'un grand-père aimant et dévoué.

> *Certains diront que les exigences du ministère sont si grandes qu'elles nécessitent une telle négligence, mais ce n'est tout simplement pas vrai.*

En revanche, le grand A.W. Tozer a lui aussi été puissamment utilisé par Dieu, mais son héritage familial est tout à fait différent. La vie familiale de Tozer était morose. Bien que Tozer aime les enfants, il est froid et distant avec sa femme et ses propres enfants. Ce type d'héritage ministériel en vaut-il la peine ? Il vaut mieux ne pas réussir du tout dans le ministère que de réussir à fond aux dépens de sa famille.

Votre femme est votre première priorité dans le ministère. Elle n'est pas votre seul ministère, mais elle est votre *premier* ministère. Vos enfants passent au second plan, ce qui signifie également qu'ils ne sont pas sur un pied d'égalité avec votre femme. Vient ensuite tout le reste. C'est à vous de voir comment et à quoi cela ressemble, c'est une question individuelle. Cela peut dépendre de votre personnalité et de celle de votre femme, de l'étape de votre vie, de l'âge et de l'étape de la vie de vos enfants, des circonstances particulières à l'église, etc.

Comme dans tous les domaines de la vie, l'amour doit être votre guide. À quoi ressemble l'amour de sa femme et de sa famille à ce stade ? Votre conscience est-elle claire devant le Seigneur : faites-vous de votre mieux pour aimer votre femme comme le Christ a aimé l'Église ? Prenez-vous le temps d'aimer vos enfants et de leur donner l'exemple du Christ ? De plus, l'Écriture dit qu'ils sont un don du Seigneur. Prenez-vous le temps d'apprécier et de vous réjouir de ces précieux cadeaux qu'il vous a offerts ? Ces années passeront vite, ne les ratez pas.

(3) Maîtrisez votre temps et vos engagements

Jean Calvin a déclaré : "Le cœur est une fabrique d'idoles". Nos cœurs fabriquent constamment de nouvelles idoles qui nous distraient et nous éloignent du Seigneur. Ces idoles peuvent être des plaisirs, mais nous pouvons aussi faire du travail une idole. Jésus a raconté la parabole de l'homme riche et de sa grange pour mettre en garde contre l'accumulation de trésors sur la terre - mais comment l'homme est-il devenu si riche ? Il se peut qu'il n'ait jamais cessé de travailler. Le travail et les gains matériels étaient les idoles qu'il adorait dans son cœur.

Jean Calvin a déclaré :
"Le cœur est une fabrique
d'idoles
".

Un homme d'affaires peut faire de sa carrière une idole. S'il réussit dans les affaires, il est toujours tenté de travailler plus dur pour réussir encore mieux. Il peut accepter un emploi qui l'éloigne de sa femme et de ses enfants pendant de longues périodes parce que l'argent semble trop beau pour y résister. Avec le temps, il devient le type d'homme dont parlait notre Seigneur lorsqu'il demandait : "Et que sert-il à un homme de gagner tout le monde, s'il perd son âme ?" (Marc 8.36).

Il y a aussi le risque d'être trop occupé par la vie de l'église et du ministère. Les exigences du séminariste marié peuvent l'amener à passer plus de temps avec ses livres qu'avec sa propre famille. Les pressions du ministère peuvent submerger un homme petit à petit, comme lorsque quelqu'un est entraîné vers le large par la marée.

Là encore, il n'y a pas de règle fixe, mais si vous êtes débordé par les rendez-vous et les obligations, cela devrait vous alerter sur un problème.

J'aimerais proposer trois moyens pratiques de se prémunir contre un engagement excessif.

Tout d'abord, parlez à votre femme. Le Seigneur te l'a donnée comme compagne. C'est elle qui vous connaît mieux que quiconque. Demandez-lui si elle pense que votre emploi du temps ministériel se rapproche dangereusement du malsain, voire du péché. Pense-t-elle que vous devez assister à trop de réunions ? Lorsque vous êtes à la maison, a-t-elle l'impression qu'elle et les enfants ont vraiment votre attention, ou êtes-vous distraits par tout ce que vous avez à faire ? Il y a certainement des saisons où les exigences du ministère sont plus élevées que d'habitude, mais il s'agit d'exceptions, et cela ne doit pas être la routine normale de la vie.

Un deuxième moyen pratique d'éviter le surengagement dans le ministère est tout simplement d'apprendre à dire non. Toutes les occasions ne viennent pas du Seigneur. Et certaines opportunités peuvent être le moyen pour le Seigneur de tester votre détermination ; serez-vous capable de fixer des limites et de dire non ? Faites preuve de discernement. Faites preuve de sagesse. Dites non lorsque c'est nécessaire. Si vous avez fait un mauvais choix, le Seigneur vous offrira à nouveau l'occasion de le faire.

Enfin, un dernier moyen de se prémunir contre le sur-engagement est de réserver du temps à son épouse et à sa famille. Dans les cultures axées sur le temps, tout ce qui tient les rênes du calendrier dirige le reste de la vie. Il n'est pas nécessaire d'expliquer à quelqu'un pourquoi vous ne pouvez pas assister à une réunion. Dites-leur simplement : "J'ai déjà un rendez-vous". Vous le faites : Votre famille. Veillez à réserver du temps pour vous et votre femme, ainsi que du temps pour votre femme et vos enfants. Soyez le roi de votre calendrier.

(4) Obtenir de la sagesse pour Des décisions qui changent la vie

Si nous voulons bien nous diriger, diriger notre mariage, notre famille et notre ministère, nous avons besoin de sagesse. Qu'est-ce que la sagesse ? La sagesse, c'est tout simplement cela : Appliquer la Parole de Dieu à la vie de tous les jours.

La sagesse consiste simplement à appliquer la Parole de Dieu à la vie quotidienne.

Les Écritures sont notre guide pour une vie qui plaît au Seigneur. C'est pourquoi la Bible dit que la crainte de l'Éternel est le commencement de la sagesse (Proverbes 1.7). J'ai entendu un jour le Dr Stuart Scott l'expliquer de la manière suivante :

> La *connaissance* de Dieu conduit à la *crainte de* Dieu, qui conduit à l'*amour de* Dieu, qui conduit à l'*amour des* autres.

Nous devons connaître le Seigneur si nous voulons avoir de la sagesse, aimer Dieu et aimer les autres.

Pour obtenir la sagesse, nous devons passer régulièrement du temps dans la Parole de Dieu. Ensuite, lorsque des situations se présentent dans la vie de tous les jours, nous pouvons penser à ce que nous avons lu. Nous nous demandons : "Que dit l'Écriture au sujet de ma situation ? Quels principes s'appliquent à mon problème ? Quels sont les exemples tirés de l'Écriture qui peuvent s'appliquer à ma situation ?

Supposons que l'on vous propose un emploi. Vous avez une décision à prendre.

Vous acceptez ou non le poste ? Ce n'est pas parce que l'occasion s'est présentée qu'elle vient du Seigneur. Avant de prendre une décision, vous devez poser des questions et examiner l'offre sous tous les angles. Rassemblez autant de données que vous le pouvez, puis le Seigneur rendra la décision claire.

Que dit l'Écriture au sujet de ma situation ?

Par exemple, on m'a un jour proposé un poste dans un ministère situé dans un autre État. J'ai accepté le poste sans comprendre tout ce qu'il impliquait. Dans la miséricorde de Dieu, j'ai rapidement calculé que le coût du déménagement et les dépenses dans la nouvelle ville seraient une charge trop lourde pour notre famille. L'histoire ne s'arrête pas là, mais en même temps, le Seigneur nous a présenté une opportunité qui ne nécessiterait pas un tel bouleversement. J'ai rapidement renoncé à l'opportunité qui se présentait en dehors de l'État et j'ai accepté celle qui ne perturberait pas notre vie de famille. J'en ai tiré une leçon

: Ne vous enracinez pas et ne prenez pas de décision qui change votre vie (nouvelle église, déménagement, etc.) sans avoir fait des recherches et sans avoir réfléchi à l'impact que cela peut avoir sur votre mariage et votre famille.

> *J'en ai tiré une leçon : Ne vous enracinez pas et ne prenez pas de décision qui change votre vie sans avoir fait des recherches !*

En discutant de la manière dont le Seigneur nous conduit dans la vie, un cher frère dans le Seigneur m'a souvent cité les paroles du serviteur d'Abraham. Dans la Genèse 24, nous lisons qu'Abraham a envoyé son serviteur à la recherche d'une femme pour son fils Isaac. Par une série d'événements remarquables que le serviteur n'aurait pu organiser seul, le Seigneur le conduit à Rébecca. Lorsqu'on lui a demandé comment tout cela s'était passé, le serviteur a témoigné de l'attention que Dieu lui avait portée. Il dit : "Moi-même, l'Éternel m'a conduit...". (Genèse 24.27).

Nous ne pouvons pas toujours appliquer un chapitre et un verset spécifiques à la vie. Il n'y a pas de versets bibliques qui nous disent quel emploi prendre, où vivre ou qui épouser. Mais en examinant les principes de la Parole de Dieu, nous pouvons acquérir la sagesse nécessaire pour prendre des décisions avisées.

Nous pouvons également acquérir de la sagesse en observant la vie. Salomon l'a souvent fait. Nombre de ses proverbes ont été écrits parce qu'il s'inspirait de ce qu'il avait remarqué dans la nature et dans la vie. Au chapitre 24 des Proverbes, il parle de ce qu'il a appris en marchant dans le champ envahi par la végétation d'un paresseux et en passant devant la vigne d'un insensé qui n'a pas réparé ses murs défoncés. Il dit : "J'ai regardé attentivement, Et j'ai tiré instruction de ce que j'ai vu." (Proverbes 24.32).

Proverbes 24.3-4 dit : "C'est par la sagesse qu'une maison s'élève, Et par l'intelligence qu'elle s'affermit ; C'est par la science que les chambres se remplissent De tous les biens précieux et agréables." Que vous soyez pasteur, diacre ou membre fidèle d'une église, décidez de construire la "maison" de votre ministère (et de votre vie) avec sagesse. Au fil des ans, le meubler avec les "richesses précieuses et agréables" de la Parole de Dieu.

Un dernier mot d'encouragement

"Courons avec persévérance dans la carrière qui nous est ouverte, ayant les regards sur Jésus, le chef et le consommateur de la foi. . ."
(Hébreux 12.1-2)

Il y a quelques années, j'ai lu le journal du grand évangéliste George Whitefield. Ce qui m'a le plus impressionné, ce ne sont pas les foules devant lesquelles il a prêché. Ce n'était pas la manière dont le Seigneur l'utilisait, même si cela m'a marqué. Ce qui m'a le plus impressionné, c'est que Whitefield voyait constamment la vie à travers le prisme de l'Écriture. Dans chacune de ses expériences, grandes ou petites, il pensait à un passage de l'Écriture qui, selon lui, s'appliquait à la situation. Comme l'apôtre Paul, Whitefield prend le Christ comme réconfort et encouragement "partout et en toutes choses" (Philippiens 4.12). Whitefield était satisfait en Christ.

J'espère que ce petit livre a rafraîchi votre esprit et vous a montré le réconfort et la force que nous avons en notre Seigneur Jésus-Christ. Bien que dans notre monde nous soyons souvent troublés par des tentations, des épreuves et des souffrances, le Christ est l'ancre de notre âme (Hébreux 6.19). Quelles que soient les incertitudes de la vie auxquelles vous devez faire face, quels que soient les chagrins au cours des années de votre ministère, le Seigneur est juste au milieu de vous, et il ne faillit jamais (Sophonie 3.5).

J'attends avec impatience le jour où nous serons vêtus de robes blanches, où nous tiendrons des palmes et où nous chanterons : "Le salut est à notre Dieu qui est assis sur le trône, et à l'agneau". (Apocalypse 7.10). D'ici là, que le Seigneur vous bénisse, ainsi que votre épouse, votre famille et tous les efforts que vous déployez pour lui.

Un dernier mot d'encouragement

Un mot pour votre épouse pieuse

"Qui peut trouver une femme vertueuse? Elle a bien plus de valeur que les perles."
(Proverbes 31.10)

Bien qu'il s'agisse d'un livre destiné aux hommes chrétiens, une grande partie du contenu peut s'appliquer aux épouses dans leurs rôles et ministères respectifs. On ne saurait trop insister sur le rôle de l'épouse dans le service chrétien. Tout homme qui a la chance d'avoir une femme comme Priscille qui travaille avec lui pour le Christ est vraiment béni ! Je suis certainement reconnaissant à ma "Priscille", ma femme Aimée. Aimée sert fidèlement dans les ministères de prière, de conseil et de formation de disciples, d'encouragement et bien d'autres choses encore.

C'est pourquoi je lui ai demandé de faire des suggestions à d'autres femmes. Dans les pages qui suivent, elle partage sa liste de leçons importantes sur le ministère qu'elle a pensé partager avec les épouses de ministres. Ils ne sont pas énumérés dans un ordre particulier.

Leçons importantes du ministère

- Il est essentiel pour une femme de prier régulièrement pour que les yeux et le cœur de son mari soient protégés de la tentation. Les hommes sont tentés comme nous ne le sommes pas.
- Pratiquez une discrétion aimante sur ce que vous partagez avec votre mari au sujet des femmes que vous conseillez et dont vous êtes le disciple.
- De même, faites attention aux personnes avec lesquelles vous partagez et à la quantité que vous partagez avec les autres membres de l'Église.
- Soyez prêt à écouter et à poser des questions à votre mari. Ne soyez pas autoritaire, mais offrez une oreille attentive et encourageante.
- Acceptez également de *ne pas* poser de questions. Parfois, il faut faire preuve de sagesse dans la prière pour attendre et lui permettre de diriger la conversation.

- La femme d'un pasteur n'a pas besoin de tout savoir, et il est parfois préférable qu'elle ne le sache pas.
- Rappelez-vous l'ordre de Dieu : la femme doit se concentrer sur le Seigneur en premier lieu, puis sur son mari et enfin sur ses enfants. Ne faites pas de vos enfants des idoles.
- Priez pour votre mari en *toutes* choses.
- Si vous pouvez prier pour que le Seigneur change le cœur de votre mari sur un sujet donné, veillez également à prier pour que le Seigneur vous montre comment votre cœur peut avoir besoin de changer.
- Cherchez à avoir un esprit humble. Soyez ouvert à l'enseignement et à une correction aimante.
- Prenez le temps de lire votre Bible tous les jours. Vous ne pouvez pas parler de l'Évangile à vous-même, enseigner à vos enfants ou aider votre mari si vous n'êtes pas dans la Parole chaque jour.
- Accrochez-vous au Seigneur. Votre identité est dans le Christ et non

dans ce que les autres pensent que vous devriez être ou comment ils pensent que vous devriez agir.
- Concentrez-vous sur la ressemblance avec le Christ et sur un comportement biblique. Ne vous sentez pas obligée de vous conformer à la perception qu'a la congrégation de ce que doit être la femme d'un pasteur ou de la manière dont elle doit se comporter. Honorez le Seigneur et votre mari, et le Seigneur s'occupera du reste.
- Faites confiance au Seigneur en toutes choses
  . . .même si vous ne comprenez pas ;
  . . .même si le moment semble mal choisi (pas assez vite pour vous, pas le "bon" moment, etc.) ;
  . . .même si le monde vous dit le contraire.
- Passez à l'étape suivante. Dans les jours difficiles, au milieu des épreuves, faites confiance au Seigneur et passez à l'action, aussi petite soit-elle. Faites ensuite la chose suivante. . .

- Rappelez-vous : Dieu entend et voit ce qu'il y a dans votre cœur. L'obéissance au Seigneur comprend ce qui se passe dans notre esprit et dans notre cœur, ainsi que les paroles que nous prononçons.
- Laissez-vous guider par Proverbes 3:5-6.

Guide d'étude

Vous devez Supporter et résister

- Quelles sont les tendances et les influences auxquelles vous pensez devoir "résister" dans la culture actuelle ?
- De quelle manière Dieu vous a-t-il appelé à être un leader ?
- Lisez 2 Pierre 2.4-8. Quels sont les défis auxquels Noé et Lot ont dû faire face ?
- Quels sont les défis auxquels vous êtes confronté dans votre rôle de leader à la maison et dans le domaine du ministère où Dieu vous a appelé ?
- Pourquoi l'amour de Dieu doit-il être notre plus grande motivation ? (p14). Que se passe-t-il si nous essayons de vivre pour le Christ par nos propres forces ?
- Comment la réflexion sur la victoire du Christ peut-elle s'appliquer et vous inspirer dans votre vie quotidienne ?

Votre vie privée sur un homme chrétien

(1) Donner la priorité à la prière et à les Écritures

- Que pensez-vous de la déclaration de Robert Murray M'Cheyne : "Ce qu'*un homme est dans son cabinet de prière, c'est ce qu'il est*" ?
- Avez-vous déjà connu un homme qui a professé le Christ et qui s'est ensuite éloigné de la foi ?
- Que pensez-vous de l'affirmation *Nous devons connaître la Parole de Dieu si nous voulons connaître le Dieu de la Parole*?
- Quelle est votre routine habituelle pour passer du temps avec le Seigneur (prière et lecture de la Bible) ? Avez-vous une heure fixe ?
- Nous pouvons tous améliorer notre temps avec le Seigneur. Que pouvez-vous faire cette semaine pour connaître et aimer davantage le Seigneur ?

- Cette section aborde plusieurs vérités qui changent la vie et qui concernent ce que Jésus a fait pour nous et à notre égard. Quelle doit être notre réponse pour tout ce qu'il a fait pour nous ?

(2) Faire confiance à Dieu dans les épreuves et la souffrance

- Quel encouragement de la fidélité de Dieu pourriez-vous partager avec un frère chrétien qui traverse des épreuves ?
- Paul a écrit son épître la plus joyeuse (Philippiens) depuis une cellule de prison romaine. Qu'est-ce que cela dit de la fidélité de Dieu à notre égard dans nos épreuves ?
- Toute la vie de Jésus a été marquée par des épreuves et des souffrances. Quels sont les exemples qui vous viennent à l'esprit ?
- Comment le fait de penser à Jésus et à la façon dont il a enduré ses épreuves affecte-t-il votre percep-

tion de lui ?
- Que pensez-vous que le pasteur Monod ait voulu dire lorsqu'il a déclaré : "La souffrance est un privilège pour le chrétien" ?
- Avez-vous déjà connu un ou des chrétiens qui ont dû endurer de grandes épreuves et souffrances ? Comment décririez-vous leur relation avec le Seigneur ? Comment étaient-ils ? Étaient-ils joyeux ? Amère ?

(3) Être en alerte face à l'ennemi

- Lisez 1 Pierre 5.8. Pourquoi pensez-vous que Pierre a écrit cela à ses premiers lecteurs ? D'après le texte, sommes-nous impuissants à résister au diable ? Pourquoi ou pourquoi pas ?
- Quel est le point commun entre Éphésiens 6.10, 1 Pierre 5.8 et Jacques 4.7 ? *(Indice : quelle est la source de notre force ?)*
- Quelles sont les ressources et les

stratégies dont le Seigneur nous a dotés pour le combat spirituel ?
- Comment le fait de se concentrer sur le Seigneur (plutôt que sur le diable) peut-il constituer une stratégie dans le combat spirituel ?
- En repensant à tout ce que vous avez lu jusqu'à présent, quels sont les moyens pratiques de vous concentrer sur le Seigneur ?
- Quels sont les moyens de se prémunir contre les tentations ?

(4) Toujours être prêt

- Ce chapitre commence par la déclaration suivante : "Mettre de l'ordre dans notre vie privée n'est pas un événement ponctuel. Qu'est-ce que cela signifie ? Êtes-vous d'accord ou non ?
- Comment une marche quotidienne avec Dieu se traduit-elle par une vie privée bien ordonnée ?
- Lisez 1 Pierre 4.7. Que suggère ce verset sur l'opinion de Pierre quant à l'importance de la prière dans nos

vies ?

- Lisez Jean 15.5. Comment pouvez-vous appliquer cette vérité dans votre vie quotidienne ?
- Vous a-t-on déjà demandé, au pied levé, de prier, de donner votre témoignage ou de partager une pensée pieuse avec un groupe ? Que s'est-il passé ?
- Lisez Hébreux 9.14. Que sont les "œuvres mortes" ? Quels sont les moyens de "serviez le Dieu vivant" ?

Guide d'étude

Votre mariage et votre maison

(1) Connaître le pouvoir sanctifiant de votre foyer

- De quelle manière votre vie familiale vous a-t-elle aidé à grandir en tant que chrétien ?
- Si vous êtes marié, quelles sont les différences entre vous et votre femme ? Comment Dieu a-t-il utilisé ces différences pour vous faire mûrir en Christ ?
- Quels sont les domaines dans lesquels Dieu a conçu votre femme pour qu'elle vous complète ? Quels sont les domaines dans lesquels elle est naturellement douée et dans lesquels vous avez des lacunes, et vice versa ?
- Comment pouvez-vous pratiquer l'humilité, le pardon et la patience dans votre foyer ?
- De quelle manière pouvez-vous vous inspirer de Jésus pour être un

mari et un père fidèle dans votre foyer ?
- Quelle est la vertu que vous aimeriez que le Seigneur mette en œuvre dans votre vie au cours des six prochains mois ? Pensez-vous que vous devez être plus aimant ? Le patient ? Humble ? Pardonner ? Que pouvez-vous faire pour accroître cette vertu dans votre cœur ?

(2) Pratiquer l'amour et les bonnes œuvres à la maison

- À quoi ressemble l'amour du prochain lorsque votre "prochain" est votre femme et vos enfants ?
- De quelle manière votre maison est-elle votre champ de mission le plus proche ?
- Pratiquer l'amour et les bonnes œuvres ne sont pas seulement des actions. Il s'agit d'abord d'une attitude du cœur. Quelles sont les idées pour pratiquer l'amour et les bonnes œuvres à la maison ?

- Comment Jésus a-t-il allégé votre fardeau dans votre vie ?
- Comment pouvez-vous imiter le Christ et alléger le fardeau de votre femme et de vos enfants ?
- Avez-vous déjà remarqué si vous et votre femme vous corrigez ou vous critiquez mutuellement en public ? Discutez avec votre femme de l'idée d'accepter de ne pas corriger/critiquer en public. Qu'en pense-t-elle ?

(3) Donnez l'exemple du Christ dans votre foyer

- Avez-vous déjà remarqué que votre vie et votre conduite sont observées jusque dans votre propre maison ? Si oui, quel effet cela a-t-il eu sur vous, le cas échéant ?
- Lisez Actes 10.38. Considérez la description que fait Pierre de la vie et du ministère de Jésus. Comment pouvons-nous chercher à ressembler à Jésus dans nos sphères

d'influence ?

- De quelle manière votre père vous a-t-il influencé pendant votre enfance ? Si vous n'avez pas eu de père, vous pouvez peut-être parler d'un oncle, d'un grand-père ou d'une autre figure paternelle qui comptait beaucoup pour vous. Qu'avez-vous appris de lui ?
- Qu'aimeriez-vous que vos enfants disent de vous après votre départ ?
- Quelle impression aimeriez-vous laisser dans l'esprit et le cœur de vos petits-enfants ?

(4) Diriger avec une attitude semblable à celle du Christ

- Ce chapitre traite de la manière dont nos attitudes "règlent la température" de la maison. Êtes-vous d'accord, pourquoi ou pourquoi pas ?
- Pouvez-vous vous souvenir d'une occasion où votre "température" a changé l'attitude de votre femme et de vos enfants ? Avec le recul, que

pensez-vous que cela signifie pour vous en tant que responsable de votre foyer ?
- Qui connaissez-vous qui exprime une grande confiance dans la bonté de Dieu ?
- En quoi la relation biblique entre les pensées, les actions et les émotions diffère-t-elle de la manière dont le monde les relie ?
- Quelle est la manière dont les hommes chrétiens peuvent mettre en pratique dans leur foyer le principe selon lequel "des pensées justes conduisent à des actions justes conduisant à des sentiments justes" ?
- La gaieté de cœur n'est plus guère d'actualité. Comment le fait d'avoir un cœur joyeux peut-il être une bénédiction pour vous et ceux qui vous entourent ?

Aimer, diriger, servir

Votre ministère

(1) Pratiquer une discrétion aimante

- En quoi la pratique de la discrétion amoureuse est-elle une forme de protection de la femme ?
- Pourquoi n'est-il pas judicieux pour une femme de raconter à son mari des détails précis sur la situation d'une autre femme ?
- Vous est-il déjà arrivé de dire quelque chose à quelqu'un en toute confiance et que cette personne le dise à quelqu'un d'autre ? Que pensez-vous de ce qu'il ou elle a fait ?
- Comment le fait d'être un puits profond peut-il être une forme de service à autrui ?
- Quel est le lien entre le fait d'être un puits profond dans lequel quelqu'un peut se confier et le fait d'alléger le fardeau ?
- Lisez le Psaume 103.12, Michée 7.19 et Jacques 5.16. Comment le fait d'être un bon auditeur confiden-

tiel peut-il contribuer à alléger le fardeau des autres ?

(2) Ne négligez pas votre famille pour le ministère

- Le pasteur Paul Dean a déclaré : "Si Satan veut détruire une culture, il s'attaque à la famille". Quels sont les exemples de ce phénomène que vous observez dans votre propre culture ?
- Comment un homme peut-il pécher en sacrifiant sa femme et sa famille pour le ministère ?
- Pensez-vous que vous réussissez à concilier famille et ministère ? Discutez-en avec votre femme ; qu'en pense-t-elle ?
- Quels sont les hommes que vous avez admirés dans le cadre de votre ministère ? Avez-vous pu passer du temps chez eux ? Si oui, qu'avez-vous observé dans leurs maisons ? Ont-ils été le reflet de Jésus ?
- De quelle manière un homme

chrétien peut-il s'inspirer de Jésus pour équilibrer son foyer et son ministère ?

(3) Maîtrisez votre temps et vos engagements

- Que voulait dire Jean Calvin lorsqu'il affirmait que "le cœur est une fabrique d'idoles" ? L'avez-vous constaté dans votre propre cœur ?
- Lisez Marc 8.36. Comment un homme chrétien peut-il appliquer ce verset à son travail et à son service chrétien ?
- Votre culture est-elle axée sur le temps et sur les calendriers et les rendez-vous ? Si c'est le cas, comment éviter que votre calendrier ne soit rempli de trop d'engagements ?
- Pensez-vous que vous savez dire non ? Si l'on fait pression sur vous pour que vous disiez oui, avez-vous tendance à céder ou à rester sur vos positions ?
- Si vous êtes marié, discutez avec

votre femme du temps et de l'attention que vous lui accordez. Pense-t-elle qu'il s'agit d'un bon équilibre ? Qu'en est-il du temps que vous consacrez à vos enfants ?

-

(4) Obtenir de la sagesse pour des décisions qui changent la vie

- Expliquez la déclaration suivante du Dr Scott avec vos propres mots, comme si vous en discutiez avec un ami chrétien : "La connaissance de Dieu conduit à la crainte de Dieu, qui conduit à l'amour de Dieu, qui conduit à l'amour des autres.
- Quel est le lien entre la crainte de l'Éternel et l'acquisition de la sagesse ?
- Comment la sagesse biblique facilite-t-elle la prise de décision ?
- Avez-vous déjà eu un moment où vous avez décidé d'aller dans une direction et où le Seigneur vous a providentiellement redirigé dans une autre ? Que s'est-il passé ?

- Nous savons que le Seigneur est souverain et qu'il contrôle tout. Comment la confiance en la souveraineté de Dieu sur les affaires de votre vie peut-elle vous apporter la paix, le réconfort et la confiance dans les décisions que vous prenez?

À propos d'Antoine Russo

Pendant vingt ans, Antoine Russo a été un chrétien culturel nominal. Jusqu'en septembre 2005, date à laquelle le Seigneur l'a sauvé de justesse. Je suis vraiment ce que la Bible appelle "né de nouveau". Je ne suis plus celui que j'étais, ma vie et mon cœur sont complètement différents. L'égoïsme, la culpabilité et la honte ont été remplacés par un véritable amour de Dieu et des hommes. Jésus a changé ma vie. Il peut aussi changer les vôtres".

Depuis, Antoine veut parler de Jésus au monde entier. Il est l'auteur de plusieurs dévotionnels de 30 jours pour *Ancre*, le ministère de dévotion de Haven aujourd'hui, de nombreux articles de blog et du livre *Jésus a tout changé : il a changé l'histoire, il peut changer votre histoire.*

Antoine Russo est le créateur et, avec sa femme Aimée, le co-animateur du podcast chrétien hebdomadaire Radio de la grâce et de la paix, disponible sur votre application de podcast préférée, La communauté chrétienne des podcasts, ou sur GraceandPeaceRadio.com.

Antoine est titulaire d'une maîtrise en conseil biblique et d'une maîtrise en théologie du Luther Rice collège et séminaire. Il vit avec Aimée à Greenville, en Caroline du Sud.

www.ingramcontent.com/pod-product-compliance
Lightning Source LLC
Chambersburg PA
CBHW070434010526
44118CB00014B/2038